Mágix

JACQUELINE S. RUÍZ

BOOK SERIES BY FIG FACTOR MEDIA

WordPower Book Series - Edición Español

© Copyright 2022, Fig Factor Media, LLC.
Todos los derechos reservados.

Todos los derechos reservados. Ninguna parte de este libro puede ser reproducida por procedimientos mecánicos, fotográficos o electrónicos, ni puede ser almacenada en un sistema de recuperación, transmitida en cualquier forma o copiada de otra manera para uso público o privado sin el permiso escrito del propietario del copyright.

Se vende con el entendimiento de que el editor y los autores individuales no se dedican a la prestación de asesoramiento psicológico, legal, contable o de otro tipo profesional. El contenido y los puntos de vista de cada capítulo son la única expresión y opinión de su autor y no necesariamente las opiniones de Fig Factor Media, LLC.

Para más información, póngase en contacto con:

Fig Factor Media, LLC | www.figfactormedia.com
www.jackiecamacho.com

Diseño y maquetación de la portada por Juan Pablo Ruiz
Impreso en los Estados Unidos de América

ISBN: 978-1-957058-57-3
Library of Congress Control Number: 2022912186

DEDICATORIA

A las personas valientes que luchan por sus sueños cada día y saben reconocer la magia de la vida en cada micromomento.

AGRADECIMIENTOS

Juan Pablo, gracias por ayudarme a darme cuenta de mi magia, por creer en mí, por impulsarme, por apoyarme, por amarme. Gracias por ayudarme a descubrir el paraíso de Puerto Vallarta, el cual me ha cambiado la vida.

INTRO

—¡Mamá, mamá, siento algo en el pecho que me quema de alegría! ¡Quiero cambiar el mundo! — le decía a mi mamá desde que tenía cinco años.

—No sé si hay medicina para eso— ella me contestaba.

Pasaron más de veinte años y en una ocasión ella me dijo que finalmente, sabía lo que era aquella inquietud o "fuego" que me quemaba por hacer la diferencia desde pequeña.

Ahora entiendo lo que siempre has sentido en tu corazón. ¡Es amor! ¡Es el amor que sientes por las personas, por la vida, por el servicio a los demás! He visto tu entrega, consistencia y compromiso hacia los demás. He visto el éxito que has tenido. He visto ese brillo de amor en tus ojos y sé que estás bendecida— dijo mi mamá con lágrimas en sus ojos.

Acompáñame a una serie de aventuras que me cambiaron la vida y me ayudaron a vivir ese sentimiento de querer cambiar el mundo y servir a los demás, todos los días.

Sueño con vivir. Vivo para soñar. Aterrizo en mis sueños. La magix fluye todos los días.

¿QUÉ ES MAGIX? ¿POR QUÉ MAGIX?

Magix es una palabra compuesta que inventé para explicar la energía inconmensurable de gozo que sale de mi corazón cuando me llega una inspiración o "descarga divina" de hacer algo por alguien, para ayudar a cumplir un sueño.

Magia + X (10 en número Romano) = MAGIX

Es por eso que este retiro se llama así, porque los milagros existen y están presentes en nuestra vida cada día si nos damos cuenta, porque a veces decir que algo es mágico no es suficiente y la mágia x 10, es más adecuado.

La misión es colectar micromomentos de claridad, inspiración, conexión y expansión.

FLEXIBILIDAD

Era un invierno como cualquier otro en Chicago, frío y nublado. Mi familia y yo contábamos los días para ir a Puerto Vallarta a recibir una propiedad que con mucho esfuerzo habíamos adquirido. Teníamos más de dos años pagando y finalmente, estábamos listos para ir a recibirla. Nuestro plan era quedarnos tres semanas mientras nuestra interiorista terminaba la decoración.

Al llegar a Puerto Vallarta, los tres días que ella nos había prometido para tener todo listo y poder disfrutar los frutos de nuestro esfuerzo, se convirtieron en semanas y meses. Mientras los niños atendían la escuela en Chicago de manera virtual, nosotros seguíamos operando nuestras empresas virtualmente debido a la pandemia. Cada día que se retrasaba el proyecto de nuestro condominio, crecía la frustración con nuestra interiorista; pero también crecía la magia que sentíamos por ese bello puerto.

Nunca habíamos estado fuera de nuestra casa por más de dos semanas y ya habían pasado tres meses o más. Estábamos preocupados por lo que habíamos dejado en Chicago; pero a la vez, nos sentíamos acogidos por la posible nueva realidad de nuestras vidas, más felices en nuestra tierra.

Es así que comenzamos a disfrutar el retraso que estábamos teniendo para terminar de amueblar nuestro condominio porque eso significaba más tiempo en el paraíso. Estuvimos más atentos a los milagros que se presentaban todos los días, a disfrutar cada micromomento. Ese viaje de tres semanas se convirtió en un cambio de vida total, fueron más de quince meses y solo tres visitas a nuestra casa en Chicago. Esto es lo más loco que hemos hecho en nuestras vidas, pero también lo más hermoso.

ADAPTACIÓN

Todavía recuerdo la camioneta amarilla de mi papá, llena de cosas que se alejaban en la distancia como una memoria un poco borrosa. Había emprendido su camino a México desde Chicago con una fecha de regreso en dos meses y medio. Lo que no sabía, era que en realidad esa sería la última vez que lo vería en doce largos años. Tenía tan solo 18 años.

Conforme pasaban los días y semanas, me preguntaba cuándo regresaría. Después de unas semanas sin saber de mi papá, me di cuenta que sin su ingreso estaríamos en la calle en unas semanas, ya que ni mi mamá ni yo trabajábamos y solo nos había dejado dinero para cubrir el tiempo que estaría fuera. Fue hasta que escuché una conversación que mi mamá tuvo con él, que mi mundo dio un giro de 180 grados. Mi papá le dijo claramente que no lo molestara más, que no regresaría. Mi corazón se llenó de angustia y miedo al ver que no había ninguna otra fuente de ingreso que nos sustentara, siendo yo estudiante de tiempo completo. No solo tendría que dejar mis estudios, sino que también podríamos quedarnos en la calle si no actuábamos rápido.

Tuve que crecer muy rápido y tomar decisiones contundentes. Puse en práctica todo lo que había aprendido en los libros de motivación y desarrollo personal sobre abundancia y prosperidad. Pero, me preguntaba: "¿cómo puedo crear abundancia cuando veo escasez a mi alrededor, cuando tengo que dejar la escuela que era lo que más añoraba desde pequeña?", tenía que actuar rápido.

Decidí dejar la escuela y conseguir no solo uno ni dos trabajos, sino tres para poder solventar todos los gastos. En medio de esa situación que sabía era temporal y que pronto regresaría a mis estudios, siempre esperaba lo mejor y daba lo mejor de mí. Anotaba y soñaba con una situación de abundancia y prosperidad, a pesar de la escasez en la que vivíamos.

Aprendí a adaptarme. Aprendí a crear oportunidades. Aprendí a adaptarme a mi nueva realidad sin dejar de soñar en grande.

La resistencia al cambio nos paraliza.

CONEXIÓN

Lo recuerdo como si fuese ayer. Estaba sentada en un restaurante esperando ansiosamente a que llegara un colega de negocios con una persona que me quería presentar. Había algo muy especial en esa conexión, yo estaba intrigada por la urgencia que él tenía para que se llevara a cabo ese encuentro. Pasaron los minutos y los vi llegar. Su nombre era Luz Marie Caro, al entrar iluminó el lugar. Nos dimos un abrazo de saludo y confirmé esa energía tan hermosa que ella tenía.

Nos dimos cuenta de la razón por la cual mi colega tenía tantas ganas de conectarnos, nuestras misiones de vida estaban entrelazadas por el sentido de urgencia al servicio. Supe sin ninguna duda que estaríamos unidas de por vida.

Desde ese día, Luz Marie y yo hemos creado magia juntas. Con la fundación que fundé en 2014, hemos impactado la vida de por lo menos 200 jovencitas entre 12 y 25 años de edad. Hemos viajado por el mundo compartiendo nuestra inspiración, celebrado el "Día de la Joven Latina" en más de 13 países, y muchas otras cosas más. Hemos tocado juntas las vidas de cientos de personas y vivido millones de micromomentos mágicos. Es una de las amistades más puras con la que estoy bendecida. Doy gracias a mi colega por seguir su corazón para crear esta conexión tan especial.

Es difícil explicar ciertas conexiones que sentimos con algunas personas, pero es importante dejarnos guiar por nuestros instintos para así abrir un universo de posibilidades.

FLUIDEZ

Una invitación que nunca olvidaré. El Ejército de los Estados Unidos de América me llamó para hacerme una invitación como ponente principal en el evento de la Herencia Hispana en una isla militar en el río Mississippi. ¿Era verdad? Parecía un sueño. Este tipo de invitaciones pueden pasar solo una vez en la vida y aunque nerviosa, también estaba muy emocionada.

La fecha estaba confirmada y solo tenía que ajustar detalles de mi presentación, incluyendo cómo llegaría a la isla privada donde habitaban trescientos o más soldados. Mi presentación sería de 30 minutos y me pagarían muy generosamente.

Recuerdo que le conté a un cliente que tenía una escuela privada de aviación sobre la invitación, y al ver su emoción, le pedí que me llevara a la isla en una avioneta privada junto con mis libros. ¿Quién iba a decir que esta experiencia de volar, años después me inspiraría a convertirme en piloto aviador también?

Llegamos al aeropuerto privado y ahí nos esperaba un coronel para llevarnos a la isla, en donde fui recibida por un general con el más alto rango en el ejército. Como todo es tan meticuloso y exacto, me dijeron que mi presentación sería solo de diez minutos. Me puse nerviosa porque mi material era de treinta minutos. Tuve que ajustar, reestructurar y reorganizar los puntos a compartir en mi mente justo unos minutos antes de entrar al escenario. Ver a tantos soldados uniformados, fue algo sublime e intimidante. Tomé un respiro profundo, me encomendé a Dios y proseguí a la tarima. Me vestí de autenticidad, compartí mi historia con emoción y les dejé algunos consejos. Lo que pasó después, jamás lo habría imaginado.

Más de trescientos soldados y algunos civiles se levantaron a aplaudir como una ola, dándome una ovación. El general llego al escenario para otorgarme como obsequio una moneda de excelencia. No podía ser más mágico ese momento, excepto que cuando me pagaron, me di cuenta que había recibido un aumento de 300% y únicamente hablé diez minutos en vez de treinta.

FUERZA

"Está despierta doctor, está despierta" - le dijo la enfermera al doctor cuando estaba postrada en la cama de un hospital con tubos por doquier, después de sobrevivir la operación más intensa de mi vida.

El doctor me explicó lo siguiente: "fue descubierto un quiste por ingerir una especia de la India, con pre-cáncer nivel cuatro, lo que representa un riesgo de muerte y un pronóstico de vida de no más de tres años si no se extirpa. Se tiene que recurrir al plan B y reconstruir completamente el sistema digestivo después de remover no solo el quiste, sino también la vesícula, los ductos que la conectan, cortar el intestino en dos y unirlo entre sí y la otra parte, directamente al hígado". Esta operación representaba riesgo de muerte o tener la necesidad de colocar un tubo para ser alimentada el resto de mi vida, en caso de que no funcionara el nuevo sistema digestivo. Obviamente la mejor opción era vivir una vida normal después de la cirugía, así que me enfoqué en esta última opción con todo mi corazón.

Le contesté: "Gracias doctor por esa información, pero voy a estar bien y necesito que me deje salir del hospital el próximo jueves para ir a hacer mis exámenes finales, porque me voy a graduar con honores." Así fue. Lo que nadie sabía es que tenía una manguera que salía de la conexión entre mi intestino e hígado, con una bolsa para drenar la bilis que salía de mi nuevo sistema digestivo. Nadie supo que ese tubo definiría si viviría. A nadie le dije, solo me enfoqué en mis exámenes, en dar lo mejor de mí en ese momento para lograr mi cometido.

Semanas después, con mi bebé Leo de cinco meses en mis brazos, recibí mi diploma con honores. Dios me había regalado lo más hermoso: vivir completamente normal. Llámale destino, llámale milagro…celebro el regalo de la vida todos los días activando mi fuerza interior para enfrentar adversidades.

RESILIENCIA

Mi querida amiga Sharon me presentó a Clark Weber, una persona que se convertiría en uno de los mentores más importantes en mi vida. Clark no solo creyó en mí cuando le comenté que tenía el sueño de emprender un negocio a la edad de veintitrés años, sino que estuvo siempre presente, especialmente en los primeros años más críticos. Clark siempre tenía una palabra de aliento, un consejo. Algo en particular que nunca olvidaré es lo que me dijo en una ocasión: "Todo lo que deseas está del otro lado del miedo."

No hay un día que no recuerde esta frase y la he aplicado como sobreviviente de cáncer, como piloto aviador, como emprendedora en medio de mi primera recesión; cuando tuve que armarme de valor para despedir a mi primera empleada, cuando me dijeron que no iba a poder tener hijos, cuando compramos nuestra primera casa, cuando escribí mi primer libro… "Todo lo que deseas está del otro lado del miedo."

Nunca me rindo. Nunca.

DIVERSIÓN

Fue un verano muy ocupado con viajes de negocios y cuando me di cuenta, ya habían cerrado la temporada de un balneario local al que siempre acudíamos. Me sentía culpable por no haber llevado a mis hijos porque ese año en particular, era especial ya que habían inaugurado dos toboganes nuevos.

Me preguntaba cómo podría convertir esta culpa en algo hermoso para mis hijos, en particular para mi hija Giullianna quien esperaba cada año con ansias ir al balneario. Hacía meses que había obtenido mi licencia de piloto aviador deportivo y pensé en una solución, se me ocurrió la idea más extraordinaria.

Le pedí a Giullianna que se prepara porque la llevaría al balneario, pero no como ella se lo imaginaba. Fuimos directamente al hangar, le quité las puertas al avión porque todavía hacia calor, monté a mi osito de peluche (mi hija) y despegamos. ¡Giullianna no lo podía creer!

Estábamos sobrevolando el balneario para enseñarle los nuevos toboganes que desde los aires se veían hermosos. Una perspectiva totalmente diferente. Como no teníamos puertas en el avión, esa brisa de otoño entraba en la cabina mientras dábamos vueltas y vueltas para apreciar el balneario desde arriba. En un momento, hasta le di los controles del avión y se emocionó muchísimo. ¡No lo podía creer!

En el camino de regreso, presenciamos el atardecer más hermoso mientras volábamos. Recordar ese momento, me eriza la piel.

Es así como una situación no planeada, pudo convertirse en la experiencia más divertida e inolvidable para las dos.

La inocencia de un niño nos enseña a creer en lo que no podemos ver, a utilizar el talento de la imaginación para crear experiencias mágicas.

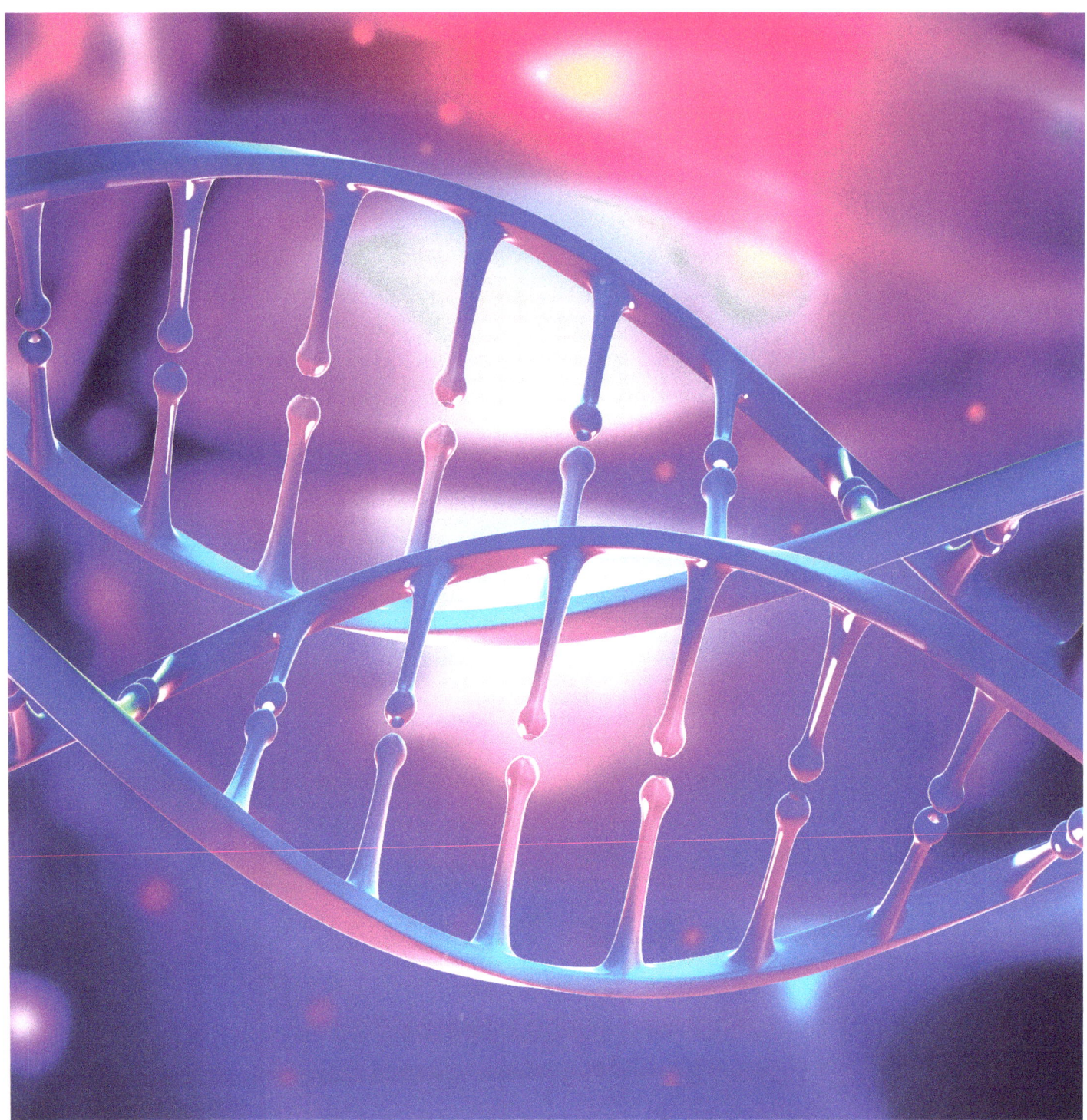

INTEGRACIÓN

Cuando llegué a Puerto Vallarta, me di cuenta que algo llamaba mi corazón. No podía describirlo, pero sentía algo muy especial. Cada día se presentaba con una oportunidad de aprovechar cada momento, de ser feliz y extender mis alas. Todavía lo estoy descubriendo, pero a lo largo de mi camino me he dado cuenta que las circunstancias de la vida nos ponen justo donde tenemos que estar.

Comencé a sentir una necesidad de aportar. No sabía cómo, y aún me pregunto todos los días: ¿Cómo puedo aportar a este puerto?, ¿cómo puedo hacer uso de mis talentos y dones para hacer la diferencia en el lugar donde siento que me da tanto todos los días?, ¿cómo abrazo la nueva realidad de mi vida y puedo sentir la vibración del mar tan cerca?

Añade valor donde quiera que estés. Te has preguntado ¿cómo lo puedes hacer tú desde donde estás?

CREATIVIDAD

Para mí es la intención de una persona ordinaria de crear ecosistemas que provoquen el flujo de ideas para crear cosas extraordinarias. Es la decisión de soñar en grande, de actualizar y manifestar cosas. Hace como una década buscaba la manera más efectiva de separar las ideas comunes en mi mente, con las inspiraciones que me hacían sentir algo profundo en mi corazón, pero no sabía cómo llamarles. Si recibimos más de 40,000 pensamientos que se procesan en nuestra mente todos los días, entonces ¿cómo podría discernir entre estos miles de pensamientos y aquellas ideas que estaban destinadas a ser realizadas?

Fue entonces cuando en mi búsqueda encontré el termino preciso: "descargas divinas." ¡Sí! ¡Eso era! Este término se ha convertido en mi mejor aliado para explicar y exponer ideas que vienen primero a mi corazón y después se procesa en mi mente para su manifestación física. Tengo años y años sucumbiendo, abrazando, elevando estas "descargas divinas" en mi vida y me han llevado a lugares, circunstancias y creaciones extraordinarias. Al fin y al cabo, yo solo soy la mensajera.

CAMBIO

El cambio es constante.

Hay lugares que llenan nuestro corazón de alegría, inclusive en donde te encuentras ahora mismo podrías encontrar micro-espacios que te llenen de felicidad. Estos espacios nos brindan el sentimiento de seguridad, de paz o quizás evocan pensamientos de posibilidades que en otros lugares no sientes.

"Si hay algo seguro, es el cambio constante."
–Anónimo

ELEVAR

Mi misión en la vida es simple y lo componen dos palabras: "Elevar Mujeres". En este simple, pero poderoso complemento de palabras yace mi propósito y el epicentro que une el tema constante en mi vida. Como piloto sport de aviones en los Estados Unidos, he sentido la magia de volar en muchas ocasiones. Cada vez que la tierra se hace más pequeña ante mis ojos conforme me elevo, siento una perspectiva diferente y me lleno de objetividad enfocándome en estar presente para que mi vuelo sea seguro y hermoso para mis pasajeros.

Cuando me refiero a "Elevar Mujeres," lo digo tanto en sentido literal como figurado. Sí, como piloto, las elevo literalmente; pero con mis libros, mis iniciativas por el mundo, productos, campañas, también lo hago. Todo lo que realizo siempre está conectado con esta misión que se ha implantado en mí de ayudar a los demás, hasta los últimos días de mi vida.

ACERCA DEL AUTOR

Jacqueline Ruiz es una empresaria social visionaria que ha creado una empresa de inspiración. Con más de 20 años de experiencia en la industria del marketing y las relaciones públicas, ha creado dos exitosas empresas galardonadas, ha establecido dos organizaciones sin ánimo de lucro, ha publicado 27 libros, la mayor colección de historias de latinas en una serie de antología de libros en el mundo, y ha celebrado eventos en cuatro continentes. Ha recibido más de 30 premios por sus contribuciones y su excelencia empresarial.

Jacqueline es la CEO de la galardonada JJR Marketing, una de las agencias de marketing y relaciones públicas de más rápido crecimiento en Chicago, y de Fig Factor Media, una empresa internacional de publicación de medios que ayuda a las personas a dar vida a sus libros. Jacqueline también es la fundadora de The Fig Factor Foundation, una organización sin ánimo de lucro dedicada a dar visión, dirección y estructura a jóvenes latinas de entre 12 y 25 años, así como la presidenta del Instituto Desarrollo Amazing Aguascalientes, el primer centro juvenil en Calvillo, Aguascalientes, México, que ofrecera diversas experiencias prácticas, cursos y conexiones globales para apoyar a los jóvenes con problemas locales a definir sus sueños.

Actualmente, Jacqueline es miembro de la junta directiva de la *The Fig Factor Foundation*, de la Junta Ejecutiva de Alumnos del College of DuPage y del *Foro de Líderes Mundiales*. Se ha graduado recientemente de la Cohorte 3 de Mujeres Empresarias de la Universidad de DePaul y de la Cohorte 11 de la Red de Acción Empresarial Latina de la Escuela de Negocios de la Universidad de Stanford. Representa al 2,6% de las mujeres empresarias con más de siete cifras en Estados Unidos. Jacqueline es una de las pocas pilotos de aviones deportivos latinas en Estados Unidos y la fundadora de la marca global Latinas in Aviation, que ahora incluye el libro, la revista, las becas y los eventos. Ella cree que "despegar es opcional, aterrizar en tus sueños es obligatorio".

www.ingramcontent.com/pod-product-compliance
Lightning Source LLC
Chambersburg PA
CBHW062022050526
44107CB00106B/946

BIG WORDS
for little hearts

Written by
Susan M. Fuller

Illustrated by
Jo Rooks

Author's Dedication

To the loves of my life,

Josh, who always loved me unconditionally and supported my dreams,
and Sage, who makes me a proud Mama and continues to inspire me daily.

Also, so much gratitude to family and friends,
as we all know it takes a village to live life fully.

Author's Reflections of Gratitude

To all the Sanderson Academy students and staff, thank you for believing.

To the team at Miriam Laundry Publishing, here is to going after your dreams.

To Jo Rooks, for bringing my vision to life with your art.

I am truly humbled.

Copyright ©2022 Susan M. Fuller
Illustrations by Jo Rooks

Photograph of Sue Fuller by Diane Garland
Photograph of Jo Rooks (self photo)

Published by Miriam Laundry Publishing Company
miriamlaundry.com

All rights reserved. This book or any portion thereof may not be reproduced or used in any manner whatsoever without the express written permission from the author except for the use of brief quotations in a book review.

HC ISBN 978-1-990107-87-0
PB ISBN 978-1-990107-64-1
e-Book ISBN 978-1-990107-65-8

FIRST EDITION

Author's Message to Parents & Teachers

I believe in my heart that the younger a child learns words with such big meanings, the more they will be shaped into amazing human beings.

I hope this book helps you teach these big, meaningful words to children—use one word and practice it all week or use a different word a day for seven days. This book is meant to be used over and over again.

Author's Message to the Reader

Each and everyone of us has one mind that has many, many thoughts, one set of lungs to take deep breaths, and one body to move. We can use our mind, lungs, and body to help us through our day. To remember how you can use your mind, lungs, and body, think of these three M's:

mantra
A Mantra is a collection of a few words put together so that they are easy to remember and can be repeated over and over to ourselves throughout the day.

moment
A Moment allows us to find the importance of our breath. We can pause and take some deep breaths in and out through our nose and mouth.

movement
A Movement keeps our minds and bodies healthy and happy. We can stretch, hold a pose, and breathe.

In this book there are seven important words that we will focus on. These words are Welcoming, Gratitude, Patience, Perseverance, Kindness, Caring, and Integrity.

Let's use the power of Mantras, Moments, and Movements (the three M's) to help bring together the meaning of each word.

welcoming

Welcoming means being kind and friendly to your friends, parents and family, teachers, and even people you do not know. You can be welcoming by waving and smiling.

I hug my loved ones.

I wave to my classmates.

I smile at the bus driver and my teachers.

Fun Facts about Smiling

- ♥ Smiling boosts your immune system
- ♥ It is easier to smile than frown
- ♥ It takes 5 to 53 muscles to smile
- ♥ Babies are born with the ability to smile
- ♥ Smiling relieves stress by releasing endorphins

(endorphins are the "feel-good" chemicals in our body)

mantra

I will smile at everyone.

moment

Belly Breathing

Sit with your legs criss-crossed, or lie flat on your back. Start by putting one hand on your heart and the other hand on your belly. Take a deep breath in through your nose and feel your hand rise on your belly. Now let your breath all the way out. Do this two more times. Listen to your breathing. Feel your body relax.

You may wish to use a bell, chime, or a singing bowl. Listen to the lovely sound.

- ♥ Automatically slows the heart rate and helps us to become relaxed and calm
- ♥ Supports the life skill of relaxation
- ♥ Increases awareness of the breath and its effect on the body

In the beginning, demonstrate how to calmly ring the chosen sound. As your child(ren) becomes good at this breathing technique, allow them the chance to quietly and carefully ring the sound.

breathe in — breathe out

movement

Easy Pose

- Sit cross-legged on the floor
- Stretch your spine nice and tall
- Roll your shoulders forward and back
- Gently stretch your neck side to side and forward and back
- Remember to be gentle with your body

Hug Pose

- ♥ Give yourself a hug
- ♥ Wrap your arms around yourself and squeeze
- ♥ Be welcoming to yourself
- ♥ Take a deep breath in and let it all the way out

Pretzel Twist Pose

- ♥ Reach one hand to your opposite knee
- ♥ Put your other hand behind you on the floor
- ♥ Twist to look behind you and hold for three breaths in and out
- ♥ Come back to facing forward
- ♥ Repeat on the other side of your body

gratitude

Gratitude means thinking about the good in your life and being thankful for all the things you have.

Gratefulness helps kids have more self-control, generosity, self-worth, happiness, and be more optimistic throughout the day.

When the sun wakes me up, I am grateful for a new day.

I am grateful for healthy food.

I am grateful for my beating heart which pumps blood around my body.

 I will remember to be thankful.

moment

Heart Breath

breathe out   breathe in
breathe in   breathe out

Start by placing your finger on the little heart at the center of the big heart. Take a deep breath in while tracing the arrow. Pause at the next little heart and hold for a count of one, two, three. Continue tracing the next arrow with your finger and let your breath out. Repeat this three more times.

A 2019 study published in *The Journal of Happiness Studies* found that gratitude is linked to happiness in children by age 5. This means that instilling gratitude in our younger kids could help them grow up to be happier adults.

movement

Start on either your left or right leg. Do all three poses in sequential order on that leg. Holding each pose for three breaths.

Then switch to your other leg and do all three poses on that leg. Have FUN!

Warrior 1

- Reach your fingertips to the sky
- Lift through your heart
- Bend your front knee over your ankle
- Keep your spine long and hips facing forward
- Straighten your back leg, and firmly ground your back foot

Warrior 2

- Stretch your arms out to your sides
- Gaze at your front hand
- Relax your shoulders
- Bend your front knee over your ankle
- Straighten your back leg, and firmly ground your back foot
- Point your hips to the side

Warrior 3

- Slightly bend your knee to help balance.
- Stretch your arms forward so they sit next to your ears
- Straighten your back leg. As the pose gets easier, work to level your back leg with your spine
- Square your hips with the floor
- In the beginning you may need to help your balance by holding onto something or someone, and that is okay

patience

Patience means being able to wait calmly without complaining.

I wait for everyone to come to the table before I start eating.

I wait my turn in class.

I wait in line for ice cream.

mantra I will wait my turn and not get upset.

moment

Take Five Breath

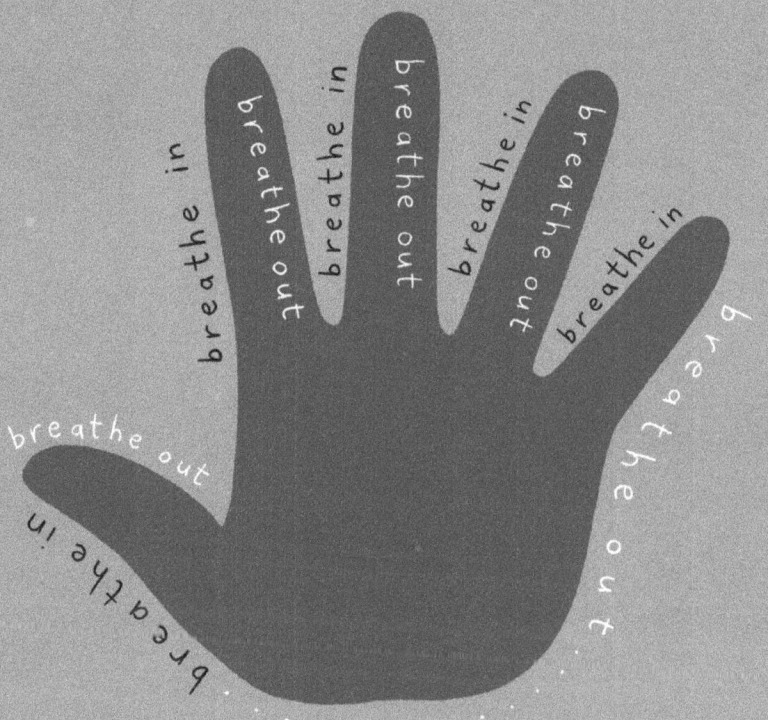

- Put your hand up like you are giving someone a high five
- Use your pointer finger on your other hand
- Slide up each finger slowly and breathe in
- Slide down the other side and let your breath out

You can use a bell, chime, or singing bowl if you want some nice sound to focus on.

Research has shown that listening to the ringing of a bell (or other sound) until the sound fades, starts to create patience. Ask the child to raise or place their hand on their heart when they no longer hear the sound.

Patience is essential to daily life and might be key to a happy one.

movement

The next poses are called Standing Poses. They all include balancing, which is a complex skill that involves the brain, muscles, and parts of the inner ear. Balancing exercises help build better posture and improve coordination, skills that are valuable to the young ones and as we continue to grow older!

Mountain Pose

- Stand tall, with your feet planted firmly on the floor
- Stretch your spine nice and long with your arms by your side
- Take a few deep breaths in and out

Tree Pose

- Bring the heel of one foot up above the ankle of your other foot
- As your balance improves, you can slide this foot up your calf
- At shoulder height, bring your arms out like branches of a tree to help you balance
- Take a few breaths in and out, then switch and do the other leg

Eagle Pose

- Extend your arms out in front of you with your palms facing each other
- Rotate your arms so the back of your hands are together. Move one hand over the other and clasp your hands together. Bring them towards your chest and under your chin
- Focus on your balance as you wrap one leg around the other. Balance on one foot
- Take a couple of deep breaths in and out, then switch and wrap your other leg

perseverance

Perseverance means to keep trying something, even if it is difficult and challenging.

Here are five ways to encourage perseverance in children:

1. Appreciate them for who they are.
2. Focus on their strengths (flex those struggle muscles).
3. Start small and build.
4. Set reasonable expectations.
5. Show them how to plan ahead.

Teaching your child about perseverance will set them up for a lifetime of success.

I am trying to learn how to zip my coat and how to tie my shoelaces.

I am learning how to write my name, even if it takes a lot of tries.

mantra

I can, and I will, learn something new.

moment
Square Breath

→ breathe in for 4 seconds →

hold for 4 seconds

Breath in.
Hold for a count of one…two…three…four.
Breath out.

Breath in.
Hold for a count of one…two…three…four.
Breath out.

hold for 4 seconds

← breathe out for 4 seconds ←

movement

Super Hero Pose

The first pose in this series lets the child(ren) create their own pose!

Here is a chance to get their creative minds going. They will use the answers to the questions below to make their own Super Hero Pose:

- What do you know about Super Heroes?
- Are they strong? Who do they help?
- Do they wear a costume?
- What kind of super powers do you have?
- Create your own yoga pose for your Super Hero!!
- Challenge yourself. YOU got this!

- This is your chance to create your own yoga pose
- Stand tall
- You are STRONG
- You HELP people
- You are KIND
- You are BRAVE
- Hold this pose and breathe in and out three times

Bow Pose

- Lie on your stomach
- With your arms outstretched behind you, grab your ankles and raise your legs
- Keeping your knees hip-width apart, balance on your stomach
- Relax and take a few breaths in and out

Plank Pose

- Lie on your stomach
- Lift your body off the floor by balancing on your toes and having strong arms, hands flat on the floor
- Keep your back as straight as possible
- Keep your neck straight and relaxed

kindness

Kindness means being friendly, caring, and nice to everyone.

What does kindness mean to you?

- ♥ Sharing
- ♥ Inviting others to join in playing a game
- ♥ Giving compliments

What act of kindness could you do today?

Kindness is a movement. One small act of kindness can cause a ripple effect that can impact your family, school or community.

Has anyone been kind to you? How did it make you feel? Did you share a similar kindness with someone else? How did that person feel?

I tell my friends I like their cool shirts and neat shoes.

I hold the door for others.

mantra

I will treat everyone as my friend.

moment

Dandelion Breath

breathe out

breathe in

Imagine that you are holding a beautiful, fluffy dandelion.

Take in a deep belly breath. Hold for a moment, and then gently breathe out through your mouth as you imagine you are blowing all those dandelion seeds everywhere! Think about sending out kindness wishes to everyone. Repeat a few more times.

movement

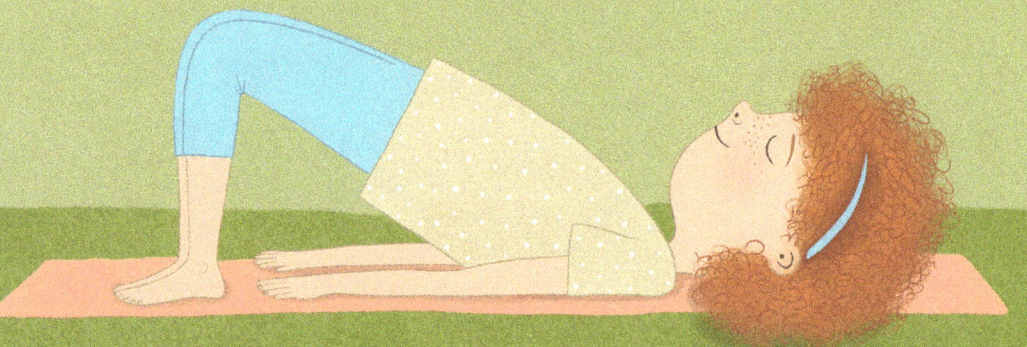

These poses are called Heart Openers. While these poses do stretch your heart muscle, they also strengthen your back, shoulders and abdomen. These poses also reduce anxiety and stress and boost feelings of self-confidence.

Bridge Pose

- Lie on your back with your arms by your sides
- Bend your knees to the ceiling, and keep your feet firmly on the ground
- Lift your hips and pelvis to the sky, but keep your head, neck, and shoulders on the floor
- Hold the pose and take a few breaths in and out

Camel Pose

- Kneel on the floor
- Reach back to grab your feet and lift your chest to the sky
- Hold this pose and take a few breaths in and out
- If this is really hard, you can rest your hands on your bum instead of grabbing your feet

Cobra Pose

- Lie down on your belly
- Place your hands just in front of you, shoulder width apart
- Lift your head and shoulders off the floor and look straight ahead
- Hold this pose and take a deep breath in
- Breathe out and hiss like a snake
- Repeat a few times

caring

Caring means I like you and want the best for you.

How can we raise caring children?

- ♥ Model positive action
- ♥ Show how to be a good listener
- ♥ Express concern
- ♥ Show appreciation
- ♥ Treat your child with respect
- ♥ Coach your child to notice others' facial expressions

Teach them to show care and concern for others. Be kind even when others are not. Help find a way to help others. Setting good examples will be the best way for your child to learn.

I share my toys with others.

I help my friends when they are hurt.

I cheer for my friends.

mantra

I will be a helpful friend to others.

moment

Rainbow Breath

Think about all the beautiful colors of the rainbow. Start at the cloud with the sun in it. Take a deep breath in and, using your finger, trace up the red color to the middle, pause (hold breath) and then slowly let your breath out as you go down the other side of the rainbow towards the raindrops. Do this for each of the colors.

movement

Rag Doll Pose

- Stand with your feet just slightly apart
- Bend your upper body forward at your hips
- Relax your spine and neck
- Take a few breaths in and out

Downward Facing Dog Pose

- Start by getting down on your hands and knees
- Keep your palms flat on the floor with your fingers spread
- Lift your knees away from the floor
- Lift your hips to form an upside down V
- Hold and take a few breaths in and out

Child's Pose

- This can be done from the Downward Dog pose
- Lower your knees back down to the floor
- Sit your bum on your feet, with your arms reaching out in front of you
- Lower your forehead to the floor
- Relax your body
- Breathe in and out a few times

integrity

Integrity means being truthful and honest and doing the right thing, even when no one is watching.

Be a role model.

Know that children are ALWAYS watching.

Let them hear you say please and thank you.

Help children believe in themselves.

Show what courage, honesty, and respect can look like.

Admit when you are wrong.

Teaching your child(ren) Honesty and Integrity at a young age will make the world a better place.

I admitted to taking the last cookie.

I obey the rules.

I made a pinky promise to my friend, and I plan to keep it.

mantra

I will make good choices.

moment

Star Breath

Start at the white dot at the top of the star. Breathe in and breathe out as you continue to follow the star pattern with your finger.

To challenge your breathing, pause (hold) at each point on the star and then continue.

breathe out breathe in breathe out breathe in breathe out breathe in breathe out breathe in breathe out breathe in

movement

Chair Pose

- Stand in Mountain pose, with your feet slightly apart and breathe in

- Breathe out and bend your knees, as if you were about to sit in a chair

- Extend your arms forward, palms facing in

- Hold for a few breaths in and out

- Stand back up into Mountain pose

Star Pose

- Spread your feet wider than hip width
- Stretch your arms out to your side
- Hold and push your feet into the ground
- Breathe in and out a few times
- Challenge yourself by balancing on one foot
- Hold and do one breath in and out
- Try the other foot and breathe in and out

Crescent Moon Pose

- Start in Mountain pose
- Bring your feet just a bit apart
- Breathe in and bring your arms up over your head, palms touching
- Breathe out and curve your ribcage and arms together to one side
- Breathe in and out, and then move back to center position
- Curve in the other direction and breathe in and out

Hearts for You!

Hearts are everywhere!

Everyone deserves to find them.

Images from Ms Sue's heart-shaped rock collection are included throughout this book.

Which heart-shaped rock is your favorite?

She uses them with her students on a daily basis to pause for a moment and share something they are grateful for.

If you stay curious, you too can discover many heart shapes around you!

www.ingramcontent.com/pod-product-compliance
Lightning Source LLC
Chambersburg PA
CBHW062022050526
44107CB00106B/949